볼 수 없는 풍경

전수분 시집

볼 수 없는 풍경

만인사

자서

여섯 해 동안 시를 쓰기 시작하여 이제야 시집을 묶으니 마음이 홀가분합니다. 시의 연결고리인 삶의 매듭이 이어지는 시 앞에서 또 무슨 말이 필요할까요. 시가 대신 말하는 것이겠지요. 연두가 진초록으로 물드는 봄을 앓으면서도 그저 행복합니다.

이 자리를 빌려 지도해주신 김기연 선생님께 감사드립니다. 먼저 간 아버지를 대신으로 애쓰는 큰아들에게도 고마운 마음을 전합니다.

차 례

3

차 례

5

6

차 례

1

아리삼삼 봄날

며칠 전 내린 비에
산 아래 개울물소리 속절없이 봄을 맞고
마음이 연두로 물이 배이는
어떨 때는 높이 높이 올릴 때도 있고
한없이 깊이 깊이 가라앉기도 한
아리삼삼 봄날

골짜기마다 소쩍새 소리
아무도 없는 묵정밭 지나
나만 알고 있는 쑥밭도 지나
한무리 새 떼를 보고 되오는 그 길
목 긴 갈대는 아직도 그대로 일렁이고
갈 수 없는 먼 시간에 머문
누구나 아는 봄빛

목도장

손때 반질반질 묻은
가방 작은 주머니에 꼭 박혀있는
중학교 갈 때 한글로 판 목도장
그 목도장으로 혼인신고하고
무슨 무슨 곳에 꼭꼭 눌러 찍던
테두리가 시골 흙담 무너지듯 하고
옥도장 뿔도장 필체도 다양하지만
평생 같이 해온 내 살아온 모습 같은
부동산 매매는 아니더라도
필요한 곳에 꾹 눌러 찍던
조물락 조물락 만져보는 목도장
쓰잘데기없는 생각으로 눈부신 봄날

벚꽃

가지 꺾어 몰래 숨겨온 꽃도둑
쥐똥보다 조금은 큰 꽃망울 다닥다닥 붙은
페트병 반으로 잘라 푹 꽂아두었더니
하루종일 말 한마디 없는 적막
벚꽃이 화르르 피니
네가 피웠네 두런두런 말 걸기도 하는
며칠 머물다가 사그라질망정
빈 마음에 맑음을 맛보니
울타리 낮은 사람 잠깐 기쁨을 주는
솟아오르는 봄날에

찔레꽃

마알간 무논 가 언덕 찔레꽃
하얀 모시 조각보 위에
찔레향 번진다

구름처럼 찔레꽃 필 무렵 뻐꾹새 울다
참꽃 온 산 덮을 때 소쩍새 울다
찔레꽃 따 먹고 찔레순 먹던 아이

질그릇에 찔레꽃
화르르 찔레꽃 피었다

맨손으로

숨이 깔딱 넘어가는 매미 울음소리에 뜬금없이 초록이 물들고 눈부신 봄날이 생각나는지요 나풀거리는 버즘나뭇잎 같은 작은 손이었던 잠시 낙락한 시절 비취 백금 황금 끼였던 삶의 고비 한복판 그 반지는 어디로 가버리고 입에 단내가 폴폴 나도록 여물어진 손 마디 어지간히 뜨거운 것도 덥석덥석 두꺼운 갈쿠리가 되었지요 급하면 맨손으로 바퀴벌레도 날으는 모기도 때려잡는 용감한 장군손이 되었지요

문짝

세상의 바람에 휩쓸려
예쁜 여닫이 문짝 뜯어내고
멋대가리 없는 샷시문으로 바꾸고
그만 마음의 병이 난 우록언니
큰방 대청, 건넌방 여닫이문 아쉬운 것은
굴뚝 연기 나는 군불솥에 물 데우는 것이라던가
가마솥밥 호박잎 가지 찌던 일이라던가
반질반질 대청마루 기름보일러로 바꾼 것도
그 중 아까운 것 문살문이라고 한다
어느 찻집 벽이나 천장에 엉뚱하게 매달려 있을
거실 바닥에 난데없이 무거운 유리 얹어
권태와 우수 들어주며 누워 있을 문짝

달빛 아래서

마지막 기름 짜듯 울어대는 매미 소리라던가
선듯 바람 불어 목 뒤로 줄줄 흐르던 땀도 그치고
추석도 다가오는 풀벌레 소리 귀 따갑게 울어대고
생각 따라 언뜻언뜻 지나가는
마당가 보릿짚 타닥타닥 타는 소리 그립고
맑아지는 하늘 또록또록한 별들
가을 바람에 씻기운 달 아래
오두마니 앉아 생각에 잠기는데
쉬 잠들기는 틀린 것 같은데
감성이라고는 눈곱만큼도 없는 그이는
춥다 문 닫으라고 하니
그만 침묵이 저울추보다 무거워진다

풀섶에 신발 닦다

하얀 강아지 발발거리며 목줄 잡혀
몇 발 오다가 똥 누인 개 주인
바지 주머니 속 휴지로 똥 닦아 갈대밭에 휙 날린다
사람 앉을자리마다 뒷다리 치켜들고 질금질금 오줌싸고
아침마다 앉는 내 자리도 싸고 간다
가는 곳마다 킁킁
어떤 젊은 여자는 똥 누이고 얌체짓하고
아침 맑은 바람에 기분 좋아하다가
똥 밟은 그 기분에 불뚝 심사가 나고
에이씨 똥 묻은 신발 풀섶에 씩씩 문지른다

초복

키우던 개 잡는 날 사랑엔 손님이 한 방 가득 숟가락이 몽땅 없어졌지요 개 못 잡게 조르다가 학교 간 작은 오빠 뒷담 밑 머위밭에 숨겼지요 오빠가 커서 장가 가고 세월이 지나도 없어진 숟가락 이야기 초복 때만 되면 생쑥 모깃불 연기처럼 모락모락 피어나지요

보랏빛 슬픔

햇볕 엷은 창호지인가
저녁 노을길인가
볏짚 한 줌 들 힘도 부친다
그네 봄 여름 가을 가고 겨울 끝자락
매운 바람 참아가는 생명줄
막차 같은 희미한 성에
그네 빈 마음
오늘도 까맣게 잊은
사그라져 가는 잿불 다독여
무서리 내린 보랏빛 슬픔

꿈처럼

잘 발라놓은 논두렁 호미로 콕콕 찍어
두 알 세 알 심었던 논두렁콩 걷이라든지
벼 그루터기 사이사이 줍던 논고둥이라든지
메뚜기 낀데 들고 타박타박 집으로 가는 것이라든지
눈으로 보고 냄새로 바람으로 가을을 보는
날을 파랗게 세우며 우우 불어오는 바람소리
자갈 많은 맑은 개울물 소리라든지
여기저기 오만데 다 가을 천지다

붓대롱

어정거리는 구름
하늘 그리려나
맑은 가난 그리는 붓대
바싹바싹 소리 끝 쪽빛
풀빛 짙은 붓대롱 흰 꼬깔모자
꼬깔모자 벗어버리는 날
봄 끝머리 쪽빛 붓꽃
모란 황금 꽃술 무너지더니
붓꽃으로 채워지네

2

볼 수 없는 풍경

氷자 쓰인 얼음집
굴뚝청소 소리 지르는 사람
새끼줄에 연탄 한 장 들고 가는 것
지금은 볼 수 없다
들녘 소 먹이는 아이들
도롱이 두르고 물고 보는 농부
서리 내린 아침 망태 매고 개똥 줍는 노인
지금은 볼 수 없다
마당 가득히 마른 풀향기
보리짚 타닥타닥 타는 소리
사금파리로 소꿉놀이하는 아이
지금은 볼 수 없다
시린 냇가 빨래방망이 소리
초가지붕 위 하얀 박꽃
시골집 싸립문
지금은 볼 수 없다

산자락밭

밭 중간쯤 원두막이 있는
그늘이라고는 없는 땡볕 아래
개구리참외 수박 잘도 익어가는
우리집 산자락밭
학교 갔다온 작은 오빠 시키지 않아도
꼬불꼬불 언덕 계곡물 바가지로 떠와
수박 구덩이 참외 구덩이 물 주고
거물거리는 등잔불 아래 부나비들 날고 있는
밤 새우던 아버지 산자락밭
물과 바람이 흐르던 그곳
다시 가보지도 못하고

감잎

오전에 멀쩡하다가 오후 두세 시만 되면 오슬오슬 추웠다 햇빛에 쪼그려 앉아 꼬시려져 잠자고 오래 앓아 얼굴이 노랬다 아버지 닭 잡아 내장 꺼내어 목에 걸어주며 뱀이라고 놀래키고 어둑한 공동묘지 이름 모를 묘 앞에 나를 세워두고 굴렁쇠 굴리듯 굴려 깜짝 놀라게 하였다 인자 됐다 그놈의 학질 뚝 떨어져버렸다고 집으로 오는 길 큰 감나무 밑에 반쯤 익은 홍시 감잎에 싸 주었다

월선 언니

—월선아, 담뱃불 붙여 오너라.
할머니 방으로 간 월선이 꼬옥꼬옥 담은 긴 담뱃대
여물솥 앞에 엎푸러져 빼꿈빼꿈 불 붙이고
그러다가 꼴초가 된 월선 언니

얼굴도 모르는 새신랑과 첫날밤 보냈는데
담배 생각이 대숲 바람처럼 일렁이었다
담뱃갑에 다담다담 손이 가 한 개피 빼무는데
신랑이 말없이 불 댕겨주었다

새신랑이 헌신랑될 때까지
월선 언니 아들 딸 낳고
세월 속 마음 한 자락 이야기꺼리
담배 연기로 모락모락 피어올랐다고 한다

감나무 그늘

감나무 그늘 아래서 쌈 삼는 그녀
입으로 쪼갠 가닥 사이 쪼개지 않은 가닥 넣고
앞으로 당겼다가 밀었다가
옆에 둔 소쿠리에 살풋살풋 동그랗게 담는다
미숫가루 바가지 걸쳐놓은 숟가락으로 떠
오물오물거리며 허리 펴 땀 식히고
감나무 그늘 두꺼워지면
소쿠리 식은 밥 찬물에 말아 먹고
쌈 소쿠리 봉그랗게 되고
자리 털고 작은방 군불솥에 불 때면
감나무 그늘 위로 저녁 연기 설핏 지나간다

별다방

남문시장에서 대신동 가는 큰 길가
팥빙수 사준다는 친구 따라 간 별다방
얼음 돌돌 갈아 빨간물 뿌리고
팥 미숫가루로 만든 팥빙수
멀뚱멀뚱 돌아가는 선풍기만 보며
생전 처음 남학생 앞에서 손톱만 뜯던
친구는 가고 없고

별다방은 중국집으로 간판 바꿔 달았고
아들아이와 입 까맣게 짜장 발라 먹는데
밀밭 바람처럼 쏴— 일렁이는
별다방 이야기 아직도 입 꼭 닫고
첫사랑이 뭔지 해보지 않아 억울해하는
그녀는 속절없이 늙어가고

생이손

시작은 그리 대수롭지 않았는데
시간 갈수록 욱신욱신 아픈 엄지 손가락
감기만 들어도 병원을 놀이터로 알고 갔건만
미련이 사람 잡는다고 일주일 지나도록
소독약 연고로 골탕 먹은 엄지 손가락
밤에는 더 아파 달싹달싹 욱신욱신 들썩들썩
요것 봐라 아이고 에이씨- 에이씨-
손가락 털며 가족모임에 갔더니
시누이가 끓는 간장에 지지면 직방이라는
그 말 철석같이 믿고 간장에 지지고 미련대다
두 손 들고 병원 가 생이손 수술하였다
그렇게 뼈아픈 생이손에 내 똥고집이 졌다

우짜고 아제

하는 일마다 풀리지 않고
아픈 아들 약 한 첩 못쓴 채 보내고
몸도 고랑고랑
앉으나 설 때도 우짜꼬
이리 저리 돌아누울 때도
말끝마다 우짜꼬

저녁 어스름 고샅길
풀짐 가득 지고 내려오면서
우짜꼬 우짜꼬
저 윗동네 큰 어둠 내리면
우짜꼬 아제 온다

판돌이

어디서 흘러들어와 어떻게 사는지 아무도 모르는 아랫말 외딴 띠집 판돌이 어쩌다 띠집 앞을 지날 땐 머리끝이 까칠한 솔 같고 온몸에 소름이 돋아났다 흰 무명수건으로 얼굴 동여싸고 짚신에 지팡이 끌고 다니는 판돌이 누구 누구집 기제사와 생일 두루 다 꿰고 다닌다 아래채 여물솥 앞에 앉아 차려준 밥 달게 먹고 숭늉도 마시고 새로 돋은 익모초 삼베 보자기에 짜 찡그리며 마셨다 엄마는 판돌이 그릇과 숟가락 소반을 따로 씻어 시렁에 얹어두었다

비안댁

사과밭 큰농사 짓고
농기구 냉동창고 일도 벌여 놓은
비안댁 남편 갑자기 쓰러졌다
뇌종양으로 기억과 언어장애다
밥도 넣어주면 한쪽 볼에 밥이 모여
비안댁 손으로 후벼낸다
기저귀값 아끼려고
눌래 안 눌래 시름하고
소변통에 누일려고 밤낮 쉬쉬하고
눌래 해도 끄덕끄덕
안 눌래 해도 끄덕끄덕하다가
그만 실례해도
비안댁 용케도 잘 참는다
열두 대문 고생문이 아득하다

태수댁과 진골댁

태산같이 몸집 큰 진골댁의 신행길에 가마꾼 네 명이 함께 갔다는 손위 동서 앞에만 서면 작아지는 태수댁 호랑이상 큰 몸집과 달리 손이 작고 쫌상인 진골댁은 아랫 사람들 고달프고 배고프게 하였다 좁쌀 구멍 파는 늙은이란 별명만 얻고 송곳 꽂을 한 뼘 땅도 지니지 못한 채 숨이 다했다 시집살이에 오르르 떨기만 하던 손아래 동서 태수댁 양볼이 봉글봉글 봄날 살구꽃처럼 피다가 그새 봄바람처럼 갔다

들몰댁

딸 다섯 끝순이 밑으로 아들 귀남이
들몰댁은 질금질금 눈물 뺄 때 있다
칠순한 영감 그 해 암으로 가고부터다
내가 먼저 가고 영감 살았다면
귀남이 불효자 만들 것이고
형제간 우애 끊고
영감을 살구씨 뺑 돌리듯 돌릴 거라 한다
딸년들 저거는 아부지 안 모시면서
빼꿈빼꿈 입댈 거라고 한다
내가 아직 저거한테 무종질나 하이 이나마
내 목숨이 간당간당하면
인두로 저고리깃 돌리듯 돌릴 거라고 한다
며느리 직장 가고
들몰댁은 요모조모 손톱 여물 썰며 잘 살고 있다

한실댁

이 기운이라도 있을 때 가 보고 싶은 데 가 보고 먹고 싶은 것 사 먹고 해야지 걸음도 못 걷게 되면 어느 자식이 업고 가겠나 안고 가겠나 그렇게 말만 하다가 그만 요양원 신세가 된 한실댁 있을 때는 살갑게 하지 않던 자식들 요양보호사에게는 얼마나 별나게 구는지 물만 잘 못 먹여도 난리치고 당장 해고시키겠다고 자기들이 새 빠지게 해보지 요양원을 왜 보냈는지 하고 효자 났다고들 한다 마지막에는 다 요양원 신세 지는 뻔한 사실 그때는 내 잘났다고 도래를 흔들지도 말고 목도 부드럽게 눈알도 좀 풀고 주는대로 먹고 온갖 의술 줄줄 달지 말고 지 명대로 살다 가는 것이 나라 돈 축내지 않고 애국하는 것이라 한다

부엉이 밤새 울더니

아버지 몸져 누우시던 그때
밤마다 부엉이 부엉부엉 울었다
안개비라도 내리는 저녁이면
가슴이 서늘해지고 무섬증이 도졌고
부엉이 며칠 울더니 아버지 돌아가시고
또록또록 밤하늘 별이 돋아나면
겁 많던 어린아이 어른이 되어도
파김치 담글 때 아버지 생각난다
늦가을 소매 올리고 잔파 다듬던 아버지
저녁 부엉이 울면 무섬증이 몰려온다

3

마당 넓은 집

봄 햇살 좋을 때 바지랑대 높이 이불 널고 막대로 탁탁 터는 것이라든가 싸리빗 자국 나도록 흙 싸악싸악 쓰는 것이라든가 그 누가 지나간 발자국 쩌벅쩌벅 걷는 발자국 짜박짜박 걷는 발자국 쪼작쪼작 걷는 발자국 거기다가 누렁이 한 마리 그 넓은 마당 여유가 모자란다 싶을 때는 뜬금없이 이런저런 생각 청기와집도 지어보는 것이라든가 꽃천지 환한 봄날에 싱겁기는 소금 사발로 먹어야겠네

오래된 나무의자

오래 쓴 대소쿠리나 박바가지에서
묵은 나무 냄새가 나고 정이 가 듯
식탁 의자가 묵은 정이 가고
장만한 지 이십 년이 되었으니
물건을 하나 장만하면 끝장을 보니
냉장고도 그 나이는 되었을 테고
틈만 나면 의자에 앉아
더 작은 어린이용 의자에는 나의 동행을 앉히고
보자기 둘러 빨래집게로 묶어 이발도 하고
칠 년 정도 머리를 깎았으니 이발비도 얼마인지
의자에 앉으면 마음의 물이랑도 잠재우고
장롱 안에 옷을 개켜 넣듯 마음도 개켜본다
큰 의자에 앉아서 작은 의자로 다리를 올려놓고
안마기로 돌돌 안마도 하고 뒷등만 붙이고
낮잠도 즐기고 사람과 같이 늙어가는

가뭄

저수지는 바닥을 드러내고
쩍쩍 갈라져 손이 들어가겠고
배배 마른 국화잎 불나겠네
마음도 무겁게 얼굴도 찡그리게 되고
장애가 디딤돌 되듯 그릇 헹군 물 화분에 주고
찰랑찰랑 넘치든 저수지 물비늘 보고 싶네
돌자갈밭 지나 저 산 밑 묻어오던
소나기 본 지 오래 전이고
덧문에 두두둑 뿌리는 빗줄기 소리 듣고 싶네

올레산 둘레산

행복은
적당한 절제에 있음을 내 몰랐네
올레만 향했고 둘레는 몰랐네

세상 이만큼 지나니
옆도 보고 뒤도 볼 수 있네
시린 무릎 만지며 먼산 바라기
아프니까 좋네
어금니 지긋이 물고 참을 줄 알고
새벽 기차 타고 산길 돌아 가네

올레산 아닌 둘레산이
이제야 보이네

소릿길

무엇이 그리 바빠 밭은 숨 내쉬며
죽을 동 살 동 앞사람 등만 보고 걷는다
빠작빠작 짭조름한 땀 눈으로 들어오고
위로는 기품이 당당하지만
담쟁이와 이끼에게 내어준 밑동
비비 틀어서 껍질 다 까지고
한치 빈틈없이 그 자리 뿌리만 밟고
천방지축 지나간다
물소리에 귀만 멍멍한데
산 속 도랑물 손 한번 담그지 못하고
나 역시 똑같이 앞만 보며
해인사 소릿길 뿌리 밟고 지나간다

순천만 바람길

바다 사람들은 동풍을 샛바람이라고
남풍을 마파람이라 하든가
햇갈대 싸—아 설레이고
묵은 갈대 싸-아 내몰리고

두고두고 살 듯이
뻘밭 헤집는 게들
차오르는 숨을 내뱉기라도 하듯
마음이 급한 사람 같네

저러다 모진 인간 만나면
절구통에 들어가 박살이 날 것인데
진간장에 조림 당할 것을

지금 이 바람은 하늬바람인가

작은 들창이 달린 방

차오르는 아침해라든가
두둥실 달 뜨는 저녁이라든가
겨울 고추바람 지나가는 소리
사각사각 눈 오는 소리 들리는
새벽잠 아쉬울 때 땍땍거리는 까치 소리
늦잠 자도 되는 날 평화스런 방
두두둑 허리에서 소리나면 드러눕기도 하고
잎이 반질반질한 대추나무도 보이고
매미가 시원하게 울어제치는 한낮
한숨 늘어지게 자기도 하는
안개 낀 아침 먼 산도 볼 수 있고
마음 한자락 둘만한
들창 달린 작은방

쇼파와 쪽파

아래층에서 전화가 왔다
아~ 시골서 쪽파 갖고 왔는가 생각하고
아래층으로 내려갔다

거실 쇼파를 가리키며 저기 있는데요 한다
쇼파를 쪽파로 내가 잘못 들었나
필요없는데요 그랬다

봄 환한 꽃천지일 때
쪽파전 부칠 때면
어린 감나무 새잎처럼
쇼파 사연이 돋아난다

새 빠지게 왔던 길

변덕스러운 가을 하루종일 비 오락가락 스산스럽고 전화한 위치 혜매 칠포리 인휴횟집 도착했다 여름 뜨거웠던 모래 을씨년스런 바람 불어 타간 커피 숭늉 마시듯 홀라당 마시고 새 빠지게 왔던 길 꾸역꾸역 둥지 찾아가는 길 옆 물든 은행잎 그리움에 지친 구절초 앞으로 열 번 보게 될까 아니 열네 번 소주 한 잔에 어질어질한데 쓰잘데기없는 생각하고 새 빠지게 왔던 길 되돌아왔다

한눈에 담아

산 아랫길 잡풀과 갈대 키를 재려하고
돌멩이 뒤집어 도글도글 다슬기 잡는 이들
재두루미 한 마리 날아 그 자리에 앉고
흰두루미는 아들 딸 그 수를 모르겠고
추운 겨울에도 남쪽으로 가지 않고
터를 잡았는 것 같다
쑥밭 아득히 핀 개망초꽃
달맞이꽃 노란 물감 풀고
텃밭 호박잎 사이 호박이 빼꼼히
흰색 보라색 도라지꽃
지난해 떨어진 들깨씨가 자욱하고
도라지밭 아래는 묵정밭 되었다
묵정밭 아지매 투병 중이라고
호박밭 주인은 개망초꽃 한 다발 들고
내가 이제야 여자가 되었다고 한다

고향 나들이

김 세 장 팬에 살짝 구워
도마 위에 펴 잔멸치, 파, 계란 넣고
돌돌 말아 썬 김밥 사과 커피 준비하고
친정 질녀와 오십 년만에 고향 나들이 나서는데
들국화 마른 풀섶 밟고
아랫마을 윗마을 서원 모두가 잠겨 있어
한참 헤맨 고샅길 지나 옛집은 간 곳 없고
그렇게 넓은 집터가 작아 보이고
돌감나무 옆 소복이 돌 쌓아 메운 샘터만 눈에 익다
큰 양옥집 어리어리하고 이것이 아닌데 아닌데
속으로 느끼며 허전함 뒤로 한 채
고향집 나들이는 끝났다

4

봄이 오면

텃밭에 씨앗 뿌리고 싶은 삼월
기분좋게 두 가족 봄마중 갔지요
길 옆 사과 흥정하고 사과 상자 차에 실었지요
하 고놈의 사과 흥정에 그만 정신이 팔렸지요
그때야 아기 없어졌다고 우리아기 우리아기
그러자 사과장수는
아지매 아 등에 업고 아 찾네요
아기 엄마 얼굴도 못 들고 차에 올라 탔지요
아빠는 오래오래 아기 엄마 놀렸다지요
해마다 봄 오면
아지매 등에 아 업고 아 찾네요

고 3

엄마보다 키 큰 고 3
세면대 앞에서 꾸벅꾸벅 졸고 있다
뽀득뽀득 얼굴 씻어주는 엄마
식탁에 앉아 밥 떠먹여주고 과일 주스도 먹이고
학생증 목에 걸어 등교시킨다

배고파 하면 햄버거 사 먹어라
먹기 싫어 하면 그럼 김밥 사 먹어라
또 그럼 어떻게 해 하면 굶을래 한다
엄마와 딸 봄날은 어디로
책갈피에 숨겨둔 국화향은 어디로
나이보다 새치가 많은 엄마
그 놈의 고 3

수성못 버즘나무

운전사 시야 때문에
아름드리 버즘나무 벤다고
하늘로 뻗은 가지 낙엽
우글우글 도로며 인도 몰려 다니고
찐빵 노점상 햇볕 가려주고
대구은행 자전거 보관도 해주고
베기만 해 봐라 내가 대구 시장 찾아갈 꺼다
수성못 초입 세 그루만 베고 나머지는 살려두었다
베기로 한지 2년이 지난 지금
태산 같은 푸른 예비군 사열 속으로
449번 버스 달리고 있다

금자

검정 화분에 세 뼘쯤 자란 금자잎
쌀알만하더니 일 원짜리 동전만하다
잘 크다가 밀가루 같은 뜨물에
온 화분이 뽀얗게 되었다
궁리 끝에 물에 식초 타 뿌려주어도 신통찮았다
이판사판 가위를 들었고 몽탕몽탕 가지들 잘라버렸다
화분에 물주면서 그래도 민둥 가지에도 물주었더니
손가락 두 개로 작은 하트 만들 듯이
뾰족뾰족 하트잎이 나오고
조급한 마음으로 가위든 일 후회했건만
금자 보는 것이
동지선달 꽃 본 듯하다

욕 친구

수화기만 들면 줄줄이 욕이 나온다 가랑개미 연놈도 안 오고 심보가 어쩌고 저쩌고 달구새끼 같이 까래비고 꽁새끼 같이 다 빠져나가고 뭐 위에 뭐를 차고 갈라카마 헛낀데 이를 어쩌나 이제 내 간다 하고 갈 곳은 그 곳 뿐인데 갯놈의 새끼 하늘 바람 비 잘 오고 양반 입에 욕 잘 나온다 여름 모시옷 빳빳하게 푸세해 꼿꼿한 자세로태극부채 팔랑팔랑 부치고 썬글라스까지 아무도 욕하는 입 모르고 고고한 늙은이로 보인다 욕하는 것 니만 알고 있어래이 내 팔랑입 이렇게 쏟아붓는다

혼비백산

518번 버스
창 밖 가로수에 무심히 꽂혀 있는 시선들
휴대폰으로 고정시킨 승객
아예 눈 감고 있는 사람
중간쯤 앉은 아주머니 어디쯤에 탔는지
물김치통 놓고 생각없이 있다가
갑자기 팡 뚜껑이 터졌다
사방으로 흩어진 김치 난장판이었다
승객들 우짜노 우짜노 하고
아주머니 혼비백산 정류장에 내렸다
기사 아저씨 밀대로 닦으면서
연신 툴툴거렸고

꽃향기 그윽한 봄날
난데없이 시큼한 김치냄새
가실 줄 모르고

고마운 것들

세월은 손톱만큼도 에누리가 없는 것이라던가
이천십육년 일월이 다 빠져나가고 이월이 살금살금 턱 밑에 오는
겨울밤 높고 차가운 달 쳐다보는 것도
내 발로 걸어다니고 시원찮은 이라도 씹어 먹을 수 있는 것도
등 붙이고 두 다리 뻗을 수 있는 따뜻한 공간도
부모 주머니에 돈 없으면 자식들도 달아난다 하지만
그저 자식은 울이 되지만 큰 도움은 되지 않는 것이라던가
동행이 가물가물하다가도 다시 밥 먹고 그 덩치 살아 있는 것도
간소한 대화 나눌 수 있는 것도
내 남은 세월의 잔고 앞에 깜짝 놀라 정신 번쩍 드는 것도
오만 것이 다 고맙고 고맙다

동행

틀림없이 털어넣고 물 마셨는데 입에 약이 없다 식탁 밑에 약이 떨어져 있고 어저께는 발 밑에 그저께는 베개 밑에 커피통을 약통으로 챙기고 세어보고 내 밥 먹고 약 먹더냐 묻고 하루 종일 약하고 논다 그냥 어정어정거리고 조금 전에 물었던 말 또 물어보고 안 해도 될 말 또 한다 이미 먼 시간 속에 잃어버린 말도 하고 딸네집 데리고 가면 신경 쓰이고 집에 두고 볼일 보러 다니면 걱정이고 밥 누렁지에 삼시 세끼 밥 차리고 왼쪽으로 오른쪽으로 가자미눈 되어도 스쳐가는 동행 봄바람에 맡겨본다

좌판

자그마한 키에 생긴 모습 꼭 월남 아지매 같다 청도 운문사 앞에서 잡은 다슬기 머위 쑥갓 우엉잎 무겁도록 이고 매고 맨날 월요장날 좌판에 앉아 있다 마음 시름 풀고 싶을 때 오두마니 앉아 있는 좌판 앞 안 살 것도 사고 만져도 보고 끝도 없는 이야기 듣는다 저 손님은 아니다 싶으면 딱 제끼고 있다가 살 사람은 어떻게 그리 잘 아는지 착 달라붙어 비닐봉지부터 벌린다 안 남는다고 하고는 한 주먹 더 넣어주고 파장 때는 도톰한 돈주머니 만진다

하— 잠이 안 오고

집에서는 다 아기가 되는가 보다
어떻게 하다가 손가락 다쳐
쇠철사 박아 깁스한 예순 다 된 아들이
아흔이 다 된 아버지 앞에
여기 이만큼 긴 철사 박고 어쩌고 저쩌고 아뢰고
열 권도 넘는 전문 서적 펴내고
학생들 앞에서 강의는 똑 부러지게 하는데
집에만 오면 호 해달라고 아기가 된다
아흔 다 된 시아버지는
하— 잠이 오지 않고
하— 소화가 하- 입맛이
하— 화장실 못 가서 어리광
늙으나 젊으나 집에서는 다 아기
그 집 아내 가슴이 터지겠네

찔레꽃 다 졌다

찔레꽃 필 때는 사촌집에도 가지 말라고 했던가
뻐꾹새 자지러지게 울 때는 가뭄이 든다고 했던가

구름 같이 찔레꽃 필 때는 여름 중반이 온다고
아련한 서글픔이 드는 찔레 코 끝에 대어도 보고
쌉싸름한 찔레순 벗겨 먹어도 보고
별처럼 슬프다는 찔레꽃
폴짝폴짝 뛰다시피 부르는 장사익 노래 들어도 보고

찔레꽃 해마다 피는 곳
뱀이라도 나올까
며칠 별러 가위로 햇 갈대 베어낸 후
한 주먹 성모상 앞에 꽂아도 보고
소나기 싱겁게 그치고 나니
자북자북 핀 찔레꽃 다 졌다

반란

하루 종일 눈 맞대고 있어 봐라
안 당해보면 모른다 다 지가 당해봐야 알끼다
석 달만 해 봐라 저절로 입이 째지게 하품할끼다
내 건강은 너거 돈보다 열 배 더 중하다고
이제 운동 서예 일주일에 네 번 나가고
집안일은 휘떡휘떡 대충하고
가사 도우미도 불러 한 달에 사오십만원 주고
갈 때 가보고 보고 싶은 영화도 댕기고
내가 호락호락하이 안 할끼다고 씩씩거리고
누구든지 해봐라 틱 구부려지고 말끼다
내 깡아리가 어떤가 너거도 당해 보라고 앙!

5

고봉밥

켜켜이 쌀가루 허기진 눈 적시는
자잘한 꽃술 모듬이 고봉밥 그릇
마음은 연둣물 어제 같은데
봄 탄다 밥맛 없다하네
꼬리봄 여름머리 이팝꽃 피고
솔꽃 날리는 이런 고운 날
골짜기마다 뻐꾸기 소리
곧 여름이라니
찹쌀밥 고실고실 이팝나무 아랫길

입맛

옛날 못살아 외국수 말아 먹을 때
멸치 대가리만 끓인 뒤
굵은 소금 한 줌에 미원 조금이면
그 맛 목구멍 도리깨질하듯 넘어갔다고
콩나물 끓일 때도
멸치 조금 넣고 다 됐다 싶을 때
송송 썬 파 고춧가루도 휙 뿌리고
소금간한다고
안동댁 구수한 연설 길어지고
오만 가지 양념해도 그 맛 나지 않는다고
아들이 사다 준 아로나민골드 먹는다고
가슴 한 쪽이 비어있는 나이가 되니
짭조름한 옛날 음식이 땡길 때가 있다고

착착착

남편은 떡국도 잔치국수도 좋아한다
말끝마다 가위로 김 착착착 썰라한다
지단도 노른자 흰자 따로 착착착 썰라한다
김치도 착착착
그녀가 떡국 착착착 할까 물으면
착착착하라고 벙긋이 웃는다
잔치국수 해 먹자하면 알았어요 착착착 할게요
함박눈 내릴 때 착착착 썬 김가루에
햇떡국 먹는다고

깨 털러 가더니

아제 아짐은 어딜 갔을꼬
깨 털러 가더니 올 생각을 않네

깨단 거꾸로 들고 막대로 탈탈 털면서
아짐 깨 털러 하늘로 가고
아제는 저녁 연기만 바라보네

남새밭에 핀 부추꽃
텃밭 배추잎에 내린 하얀 첫서리
흰구름처럼 아슴한 가을내음

아득한 개울물소리 도돌도돌
어차피 이 모든 것 헤어지고 마는 것을
아짐은 깨 털러 가고

새참

쌀이 어느 정도 퍼졌다 싶을 때
똑똑 밀수제비 떼 넣고
납작납작 애호박 썰어 넣고 부추 넣고 끓인 죽
주전자 그 위에 놋대접 얹고 뚜껑 덮고
숟가락 두 개를 주전자 구멍에 꽂아
내 손에 들려준 새참
돌자갈밭 지나고 봇도랑도 지나
딸그락 째그락 숟가락 소리
잘 발라놓은 논둑길 올라서면
쨍쨍한 햇살 아래
아버지가 남겨준 수제비 쌀죽
그때 그 죽맛 보고 싶다

화해

부추 넣고 끓인 파란 고딧국
금방한 따끈한 밥도 적게 뜨라고 한다
다 먹으면서 그 놈의 적게 소리
확 두 국자 떠내고
밥도 두 주걱 떠내고
말없이 밥 먹고 커피도 안 마시고
쌩 방으로 들어왔다

여닫이 문 빼꼼 열고
—안나야 커피 물래?

삼시 세끼

저녁밥 뭐하고 먹나 하면 아무거나 먹지 하고 아무거나 먹도 안 하면서 잡곡 섞지 마라 하고 축축하게 하라고 하고 안 맞다 안 맞어 밥 한 가지도 이리 맞지 않으니 세끼 어려우니 입에 밥 넣기가 그리 쉬운가 모래밭 무 뽑듯이 쑥 뽑으면 되는 줄 알고 아나 여기 있다 내가 못 움직일 정도 아프면 밥 못 얻어먹어 목에 거미줄 날줄씨줄쳤을 거다 밥밥 카다가 숨 멎는 것 아닌가 가시 박힌 손가락 나의 삼식이 그런다고 갚아지지 않는 세끼 밥상 머리에서 가슴까지 먼 여행이란 말도 닦아보자

밀가루에 대하여

밀농사 지어 가루로 만들려면
소달구지 십리 길 가야 물레방앗간이 있다
들길 지나 봇도랑도 지나 타박타박 걸어야 하고
물이 홈을 따라 흘러 쿵덕쿵덕 찧어진다
제일 먼저는 뽀얀 가루가 되고
그 다음은 불그스레한 가루
그 다음은 밀기울인 껍질에 가루가 조금 섞여 있다
해거름에 소달구지 집에 도착하면
엄마는 뽀얀 가루로 대접만한 덩어리 두 개 만들었다
홍두깨로 밀고 풀고 말아 둥근 밥상만하게 만들어
착착 개켜서 또박또박 썰며 탈탈 털어
끓는 물에 넣고 담 위에 얹힌 호박도 썰어 넣고
바가지로 퍼담아 마당 멍석가에 놓고
식구들 그릇 가득 채웠다

국수 꼬랑지는 별미였고
뽀얀 가루 국수는 손님 올 때만 대접하고
식구들만 있을 때는 불그스레한 가루로 해 먹는다

남은 밀기울은 팥이나 콩을 넣고
가마솥에 삼베 보자기 깔고 쪄먹으면
고급 빵보다 만 배는 더 맛 있었다

꿀밤 이야기·1

차단지 같은 찹쌀댁 해마다 꿀밤묵해 판다 꿀밤 못 줍게 아들이 으름장 놓아도 바지런함 못 버린다 어디든 잘 눕는 옆집 눕실댁은 같은 양으로 묵을 해도 그 양이 적게 나온다 눕실댁 묵 끓이는 것 어쩌나 보려고 애를 써도 오밤중에 몰래 둑 끓인다 떫은 물 수돗가에 버리면 지렁이가 빨갛게 올라온다고 한다 한 종지씩 먹고 속병 고쳤다고 올해도 몇 십만원 번다고 찹쌀댁 영감 꿀밤 주우러 온산 헤매고 다닌다

꿀밤 이야기·2

자루 씻어놓고 다시는 안 줍는다고 하고는
오늘도 어둑어둑할 때 나와서 한 됫박 주웠다고
찹쌀댁은 꿀밤이 아른거린다고
눈앞에 보이는데 어쩌노 한다

떫은 물 뺀 전분 숟가락으로 똑똑 떠내
봉지봉지 냉동했다가 일년 내내 묵 끓인다
아침마다 묵 강의 들으며 목침만한 묵 사 먹는다

그 해 김장

겉껍질 우둑우둑 뜯어내고 소금 절인다
잔손 가는 속재료 준비하고나니
내 마음 침묵이 저울추보다 무겁다
몇 년만에 친정아버지 제사 가다가 뺑 돌린 발걸음
제사비 봉투돈으로 김장배추 사다가
뒤도 돌아보지 않고 집으로 줄행랑쳐
그 해 김장 그렇게 담궜다
얽힌 거미줄이 밧줄된 며느리 자리
시어머니 내게 맡기고 잘해라 잘해라니
내 새끼 꼬물꼬물 기어다닐 때
기저귀 한번 갈아주었나
밥 한 번 떠먹인 일 있었나 내가 왜왜하면서도
장판에 먹인 노란 콩기름처럼 젖어들면서
놋쇠소리 나는 시아버지 밥상
이 반찬 저 반찬 요술 부리며 차리고
그 해 김장김치도 상에 올렸다

사분의 일

눈 내리는 저녁 배추 사분의 일 쪽으로 된장 풀어 국 끓이고 비 내리는 어스름에 사분의 일로 배추겉절이해 먹고 먹구름이 끼이고 입이 궁금할 때 배추전으로 마음 달래고 그래도 사분의 일 조각 까만 비닐봉지 묶힌 채로 정월 지나고 새순이 나고 꽃대가 올라와 노란 배추꽃 피었다

세 쪽 베어주고 한 쪽으로
넉넉할 수 있는 사분의 일 배추조각이
마음의 북을 두드린다

포천 친구

무농약으로 고추 배추 농사 짓고
마늘 생강향 날아간다고 뚜껑 꼭 닫아놓고
통통이 담아 아들 딸 부쳐 주고
자식들은 김치 맛있다고 전화 오고
부모 마음 골고루 비치는 햇살같이 뿌듯한데
아차 뚜껑 닫힌 양념통 그대로
마늘 생강 빠진 것도 모르고 맛있다고 하니
양념 이야기는 입 꼭 다물고
납작납작 홈팩 양념 냉동실로
내년 김장까지 잠잔다고

마재기와 콩잎김치

겨울에서 봄 들어 구입한 마재기 무우생채와 마재기 젓갈에 묻혀 된장 끓여 밥 비비며 먹는 정월달 입이 더 없는 호사이지요

또 여름 메주콩잎 필 무렵 콩잎 똑똑 따 통에 담은 물김치 손가락 사이 된장국물 줄줄 흘리면서 쌈 싸먹지요 둘이 먹다 한 사람 밥숟가락 이별해도 모르지요 삽화처럼 콩잎 따는 손길이 지나가지요

6

게으름

현관문 한 번도 열어보지 않고
신발도 신어보지 않은
돈 한 푼 쓰지 않고 보낸 오늘
냉장고 문 열어 이것저것 뒤져보니
보름 정도 먹을 만치 봉지봉지 들어 있다
서랍형 냉동실 제일 밑 칸 발로 밀어 닫고
하품 크게 하고 기지개 늘어지게 펴본다
게으름 이렇게 피워도 되나
남은 세월 잔고 앞에서
오늘도 그렁저렁 다 가고

사진

어머니는 광목천에 검정물 들여
재봉틀 있는 윗 동리 먼 친척집에 가
올케 언니는 저물도록 흰줄 박아
세라복 만들어 주었다
겨울 내의도 변변찮아 솜저고리 입고
그 위에 불룩하게 세라복에 몽당치마
친정 큰 질녀가 집 정리하다가
작은 고모 사진 몇 장 나왔다고
한 손은 복숭아꽃 가지 만지며 찍은
어떤 기회에 누구누구가 보고 있을 때
눈 끔쩍끔쩍하며 찍었는지
당최 생각이 안 나는
단발머리 세라복 흑백 사진

집

작은 무궁화 묘목 심은 지 삼년
보라꽃 피었다
한 잎 두 잎 잎 말려 벌레집 생기더니
꽃보다 벌레 나무가 되었다
밑둥까지 싹 벤 나무 돌계단에 버리고
벌레들 아직 자기 집 베어진 줄도 모르고

내년 봄까지 돌돌 말린 집 속에 겨울날 것들
숲바람 찬바람 잎 하나로 지은 이파리집

말빚

그녀 뒷모습이 아른거린다
이 봄 가기 전 병실을 찾겠노라 한 말빚

신은 그녀 외면하지 않을 거라고
한 줄기 희망이 비치는
말빚 늘어놓고 왔다

그 날이 그 날인 그녀
먼 곳 가기 전
좋아하는 부추전 명란젓 들고
가끔 왔던 그녀의 침대 옆

오늘도 말빚 말벗 갚기 위해
그녀의 좁아진 어깨 쓸어주러 왔다

우록 언니

우록 언니는 밉상스레
내 죽었는지 두 시간 후 전화해 봐라
마 죽어도 좋겠는데 왜 안 가노
반찬은 절대로 해 먹지 않고
내일 아침 해 뜨면 무엇무엇 한다고
손에 일을 놓은지 이미 오래이다
택배로 서울딸이 보낸 반찬 다 먹고 나면
맨 간장에 밥 비벼 먹고는
감기약 먹어라 하면 빈속에 우째 먹노
밥 먹어라 하면 밥만 먹으면 뭐하노 하고
죽고 싶다는 말 말짱 거짓말이다
여든여섯 밉상스런 우리 언니
전화 오면 겁난다

요양병원

큰아들 큰며느리 돈 벌러 가고
정신이 가물가물한 노모는 혼자 집 지키고
큰아들 불안해서 아기 맡기듯이 노모 맡기고
세상이 이것이 아닌데 이것이 아닌데
다잡아 보지만 되돌아보면
사랑채 밥상 나르는 며느리가 그립다
건너방 숭늉 나르는 며느리가 그립다

지금은 집에서
숨거두는 것도 드문 일이고
하얀 머리 다섯 명이 노래 부른다
집에 가고싶다고
창살 없는 감옥이라고
현대판 고려장이라고

오지랖

앓을 만큼 앓으면 죽을 병 아닌 이상 나을 것을 쪼매
만 아파도 죽자고 이 병원 저 병원 가고 구십 노인 다
죽어가도 주렁주렁 주사 달면 또 살아 나오고 안 죽는
다 백 세 시대라고 하도 야단시리카이 병원 가는 것도
몇 만원하면 돈 아까워 안 가지만 천오백원하니 나라가
잘 살아야 하는데 애국자는 아니지만 나랏돈 작살난다
동네마다 번듯한 경로당 지어 겨울에는 기름보일러 빵
빵하게 때고 밥도 해 먹고 정구지밭 미나리꽝 사고 팔고
해 자식들 빌딩 물려준 이야기로 목에 깁스하고 며느리
들한테 유세지기고 오래 산다고 나라에서 돈도 주고 지
하철도 공짜니 노인들 살판 났다

달희의 눈물

아버지 언제 갈라 카노
하느님 기다리신다
목사님도 세 번이나 왔다 갔다

달희는 오늘도 아버지 약바라지에
동생들 챙기고 밥도 먹는지 마는지 하고
엄마는 동트기 전 시장 끄트머리
푸성귀와 깐 마늘 좌판을 벌인다
어릴 때 사탕 하나 사준 적 없다고
평생 월급봉투 갖다 준 적 없는
사흘 일하고 열흘 술에 쩔어 산 아버지
짱짱한 초가을 햇살 머리 위에 내리는데
언제 갈라 카노 아버지 귓가에 묻어나는 말
먼산 바래기로 쳐다보는 달희
눈물이 싸하니 돈다

등본 떼놓았는데

요양병원 입원한지 삼 년이 되어가고
죽물도 못 넘기고 팔천원하는 청심환
하루에 두 병씩 먹었는데
곧 죽는다고 등본 떼놓은 외아들
모든 준비해 놓았는데
뽀시락 뽀시락 되살아나
삶은 돼지고기 묵은지 먹는다고
백세까지는 까딱없을 것 같다
아들이 준비한 등본은
언제쯤 다시 떼야 될 것 같다

가래톳

삐삐꽃 피고 찔레꽃 피는 언덕 훨훨 날아
아프지 않은 좋은 나라 가라고 알아들었는지
두 눈에 눈물 주르르 흐르고
얼음장은 그대로 산소마스크로 버티고
팔 손등 발 어디 성한 데 없고
그만 끈을 놓고 보내야 하는
피곤이 늪으로 몰려올 때는 모로 누워
모르겠다 갈라면 가고 말라면 마라 중얼거렸는데
없어봐야 그 사람이 얼마나 중한지
그만 울컥 가래톳이 돋고
유월 십구일 영시 굴곡진 한 생이
필름처럼 지나간다

장례식장에서

그녀의 시어머니 큰 병 한 번 앓지 않고 아흔 살까지 살았다 체격도 건장하고 삼시 세끼 잘 챙겨 먹었고 그러다가 치매로 요양병원 가 그만 자다 숨지고 말았다 친척들 모두 복이 많았다고 하였다 딸들 앙앙 울다가 때 되면 소고기 국밥 한 그릇씩 후딱 먹고 아들은 삼일장 동안 직장도 안 가고 해주는 밥 먹고 화장해 산에 후르르 뿌렸다 상복 훌훌 벗고 산 내려와 우르르 식당으로 들어갔다 소고기 지글지글 구워 소주도 주거니 받거니 불그레해지면 부의금 얼마 들어 왔느니 네가 잘했니 못했니 하다가 저녁노을 앞에서 옛법 따위에 따지지 않는다

꽃사과는 익어가고

추석 성묘 갔다 오는 길
혼자 사는 시숙모 혼수상태이고
119는 불러놓고 장독대 옆 꽃사과는 탐이 나고
세 동서 비닐 봉지 하나씩 따담고
사람은 숨이 넘어가는데
숙모의 봄날일 때는 택도 없는 일이다
짧은 가을해 지려 하는 이맘 때
사과술은 입에 짝짝 드러붙었다

볼 수 없는 풍경

초판 인쇄 2018년 5월 16일
초판 발행 2018년 5월 23일

지은이 / 전 수 분
펴낸이 / 박 진 환

펴낸 곳 / 만인사
출판등록 / 1996년 4월 20일 제03-01-306호
주소 / 41960 대구광역시 중구 명륜로 116
전화 / (053)422-0550
팩스 / (053)426-9543
전자우편 / maninsa@hanmail.net
홈페이지 / www.maninsa.co.kr

ISBN 978-89-6349-120-2 03810

값 9,000원

* 이 도서의 국립중앙도서관 출판시도서목록(CIP)은 서지정보유통지원시스템 홈페이지(http://seoji.nl.go.kr)와 국가자료공동목록시스템(http://www.nl.go.kr/kolisnet)에서 이용하실 수 있습니다(CIP제어번호 : CIP2018015018).